Irene Pollak

Winter

Sonnen

Wende

v2

Lyrisches und Prosa - auch um Weihnachten ...

Irene Pollak

Winter

Sonnen

Wende

v2

Lyrisches und Prosa - auch um Weihnachten ...

überarbeitet und ergänzt

Bibliografische Information der Deutschen Nationalbibliothek: Die Deutsche Nationalbibliothek verzeichnet diese Publikation in der Deutschen Nationalbibliografie; detaillierte bibliografische Daten sind im Internet über dnb.dnb.de abrufbar.

Herstellung und Verlag:
BoD - Books on Demand, Norderstedt

ISBN 9-783750-42275-9

Inhalt:

Vorbemerkung

Wieder eine Text-Sammlung, wie ein guter Grüner Tee im zweiten Aufguss;
diesmal nicht „über's Jahr" verteilt, sondern konzentriert auf die wohl
dichteste Zeit im Zyklus;

ich nehme an, dass der Kontrastreichtum des Winters mich so stark
beschäftigt, dass sich in meinem Kopf immer wieder Wortgruppen
zusammenrotten, die dann anfangen, rhythmisch gegen mein inneres Ohr zu
klopfen, bis ich ihnen den Tanzboden öffne und zuschaue, wie sich
Textchoreografien bilden, die ich dann einfach abschreibe;

Hektik und Besinnlichkeit, die Kälte der Natur gegen die vielen Feuer und
Kerzen, Familienzwang und Einsamkeit, nicht zuletzt die längste Nacht just
am Wendepunkt ...

Eine große Dynamik und Intensität liegt für mich in diesen Widersprüchen;
Eine Dynamik, die mir den Schwung für's Weitermachen gibt, genau dann,
wenn es so kalt und finster ausschaut.

Natürlich ist mein „kalt und finster" ein wohliges, mit warmem Rücken und
recht eitel und kokett;

aber, es erinnert mich nach wie vor, macht mir noch immer
bewusst und mich immer wieder ein Stück offener und
weicher ...

I.Pollak, Wien, 2013,
ergänzt 2019

Winter-Weih-Nacht

Schon recht speziell ist diese Zeit,
und kollektiv – in unserer „Region" –
und doch, in manchem Punkt universell…

So sicher, warm und „hoch und trocken" können wir gar nicht sitzen,
in unserer doch ziemlich wohlgeordneten und weitestgehend durchgeheizten
Welt,
so, wie wir uns hier treffen,
dass nicht die Dunkelheit
von Zeit zu Zeit
herüberlangt, in unser Leo,
und uns pflichtbewusst und etwas hämisch zeigt,
wie schwach gesichert und porös doch unsre Mauern sind.

Das ist kein Fehler, muss so sein,
denn, es ist <u>eine</u> Welt!
Da sollen keine Mauern sein,
das Helle, Warme von dem Dunklen, Kalten trennend!

Wenn sich die Welt uns kalt und dunkel zeigt,
dann feiern wir den festen Schutz, den unsre Häuser uns bedeuten,
mit Licht und Grün.

Und starr und still wird außerhalb die Welt und selbst das Leben ruht.

Das ist ein Augenblick – kristallisiert und deutlich in der langen Nacht –
Die andern Nächte sind zu kurz dafür.

So groß ist diese Botschaft, dass diese eine Nacht genügt:
Alles ist in der Welt.
Und, darf so sein, an sich.

Das Lichte und das Dunkle
und, Hoffnung gibt es immer,
und – wie wir wissen – just, wenn's am wenigsten berechtigt scheint,
daran zu glauben,

hat sie sich doch bereits erfüllt.

Weihnachten.

Wir machen die Nacht zum Tag,
brauchen Erdbeeren zu Silvester,
strafen die Schwerkraft Lügen –

und beanspruchen doch die Hoffnung,
dass der Lauf der Welt den Frühling wieder bringt,
dass die Dunkelheit wieder enden wird.

Absurd:
wir machen die Nacht zum Tag und hoffen auf die Wintersonnenwende...

Ich möchte gerne glauben,
dass die Welt in Ordnung ist –
dass sie noch immer in Ordnung ist, im Grunde.

Ich möchte gerne glauben,
dass meine Hoffnung erfüllt werden kann,
dass ich hoffen darf,

dass es Waffenruhe gibt,
dass der Kampf, dass das Kämpfen Pause machen darf.
Wie eine gefühlsflauschige Decke
legt sich die Vorweihnachtszeit über die Welt.

An ihrer Unterseite,

im schallschluckenden Flor in tiefnachtdunklem Blau, in RAL 5011,
ist sie besetzt mit energiesparenden LED-Sternchen,
simuliert den Blick ins weite All
und hält doch alles nah und kurz und warm.

Ich frage mich, ob mein Bild ein universelles ist,
ob wir alle das gleiche,
oder doch etwas ähnliches suchen, erhoffen, erwarten...

Ich frage mich, ob sich die self-fulfilling prophecy
wie in einer vorwärts-einwärts-Spirale,
wie im Strudel am Ereignishorizont des schwarzen Lochs,
selbst verschluckt,
ob sie nur existiert, weil sie es muss,
nur, um sich selber zu erfüllen,
ob sie nicht vielleicht nur dem Selbstzweck dient:
das Hoffen, um des Hoffens Willen,
nicht der Hoffnung
das Wünschen, um des Wünschens Willen,
nicht des Wunsches?

Das Hoffen und das Wünschen sind beide süß,
was aber ist die Hoffnung, was der Wunsch?

Turn around – face it!

Das Durchgehen,
jeden schweren Schritt für jeden schweren Schritt,

im Gegenwind, in der Dunkelheit, im kurzen Licht,
das Zu-Sich-Kommen, das Bei-Sich-Sein;

Das Weitergehen, das Nicht-Aufhören,
das Wieder-Licht-, Wieder-Leicht-Werden,
das Lüpfen der blausamtenen Decke in RAL 5011
und der Blick hinaus,

wohl auch das Überleben an sich,
stellvertretend jedes Jahr zur selben Zeit ...

oder
Worüber lächelt Sirius?

Was ist hinter dem Weltall?

Wo hört die Unendlichkeit auf?

Am Unvorstellbaren erst wird die Unendlichkeit, wird das Unvorstellbare
vorstellbar.

Y sucht aus Gewohnheit nach den Grenzen.

Sie lässt den Blick in fernste Weiten schweifen und hängt ihn in der tiefen
Schwärze des unendlichen Raumes ein, um behutsam daran zu ziehen.

So dehnt sie ihren Blick, macht ihn länger, trainiert ihre Weitsicht.

So was entspannt spürbar.

Das Auge, das Hirn, letztlich auch das Zwerchfell, an dem die Seele hängt.

An der unvorstellbaren Unendlichkeit des Weltalls wird auch das Ganze
ganz, da schließt sich der Kreis:

denn die Krümmung, der Grad der Krümmung einer Kreislinie, ist indirekt
proportional zum Radius des Kreises. Das heißt: je kleiner der Radius ist,
desto stärker ist die Kreislinie gekrümmt; ein kleiner Kreis ist einfach
„runder", als ein größerer, der quasi „flacher" ist.

Ein Radius von Null produziert also einen Kreis mit „unendlicher"
Krümmung; eine Kreislinie mit unendlichem Radius, dagegen, hat die
Krümmung ... - Null! Sie ist „Null" gekrümmt, also nicht, sie ist eine
Gerade!

Der Blick in die klare Winternacht verleitet Y immer wieder zu dieser
Überlegung: ein Kreis mit dem Radius Unendlich hat die Krümmung Null,
seine Linie ist eine Gerade!

Der Blick in Y's kleines Schlafzimmer lässt den Vergleich kaum zu, aber er
hilft: „Wenn diese Wände nun keine Ecken hätten, sondern mein

Schlafzimmer ein rundes Turmzimmer wär', wie krumm wären dann die Wände? Könnt' ich die Bilder noch so aufhängen, dass sie plan anliegen, oder müsste sich ab dem Format A3 quer ein Scherzerl Luft zwischen Bild und Wand ergeben? Jedenfalls würden sich die Seitenwände zusammenkrümmen und „mich umarmen", ich stünde wohl spürbar in einem Zylinder, einer Röhre - weil der Radius meines kreisrunden Schlafzimmers bei Weitem nicht unendlich ist."

Y wendet sich wieder ihrem Fenster zu. Die kalte Winterluft macht sie frösteln, aber sie kann sich nicht entschließen, das Fenster zuzumachen. Es ist wohl ein privilegierter Blick, ein Stück außerhalb der lichtverschmutzten Stadt, oben in einem mehrstöckigen Wohnhaus ein Fenster nach Süden zu haben.

Jupiter persönlich schaut ihr entgegen. Mit einem moderaten Feldstecher bereits kann man seine Monde zählen. Orion steht im Winterhalbjahr zuverlässig jede klare Nacht an ihrem Himmel und zu seinem linken Knie blinkt Sirius, der Hundsstern, der nächste – und doch unendlich weit entfernt. Der Raum da draußen ist vielleicht auch ein kreisrunder, wie das virtuelle Turmschlafzimmer mit dem Radius Zweieinhalb.

Y überlegt, wie sie's einrichten würde und kommt auf eine weitere Eigenheit der Kreisform: der Kreis ist optimiert! Wohl deshalb spannt sich die Wassertropfenoberfläche in Kugelform, wachsen viele Früchte, wenn an ihnen nicht die Schwerkraft zerrt, annähernd kugelförmig, wohl deshalb sammeln sich Gas- und Materieteilchen kugelförmig um einen schweren Mittelpunkt: die Hülle ist von ihm an jedem Punkt gleich weit entfernt; es braucht die geringste Oberfläche, den geringsten Umfang, um in Relation den größtmöglichen Raum- oder Flächeninhalt zu umschließen. „Deshalb", - Y holt das Teehäferl von ihrem runden Esstisch - „deshalb bring ich", denkt sie, „auch eine „indonesische Reistafel" auf meinem Esstisch unter, an ihm aber nicht die Anzahl Gäste, die sie aufessen könnten".

Der Tee ist gerade noch nicht kalt, gerade springt die Heizung wieder an, dennoch schließt Y das Fenster nicht; sie lehnt sich an den glühenden Heizkörper und zwinkert dem Jupiter zu. „Der Raum ist also gekrümmt, wahrscheinlich. Sein Radius ist – wahrscheinlich – unendlich. Seine Krümmung ist dementsprechend also Null." Im Vergleich mit dem kreisrunden Schlafzimmer, von dessen spürbar krummen Wänden Y sich „umarmt" fühlen würde, die sich beiderseits seitlich zur Türe hin krümmen würden, wo große Bilder nicht plan anliegen könnten, verglichen damit wird der Weltraum nun wirklich sehr groß: „Wenn die „Begrenzung" (?) also „null", nicht, gekrümmt ist, wann biegt sich's nachher? Gar nicht offenbar. Die kreisförmigen Begrenzungen des unendlichen Raumes sind gerade!" Y wird ein bisschen flau. „Und all das denken wir, wir wissen's nicht, wir haben in Wirklichkeit keine Ahnung".

Sirius grinst. Er lächelt eigentlich. Er hat gelächelt. Wie alt ist das Schmunzeln, das er zu Y ins Zimmer schickt? Wahrscheinlich hat es mit ihren augenblicklichen Überlegungen gar nicht viel zu tun; wie alt ist also das Blinken des Sirius, wenn wir es sehen? Knapp neun Lichtjahre ist es entfernt, das System, das eigentlich ein Doppelstern ist, was vor 700 Jahren angeblich bereits die Dogon, der afrikanische Stamm in der Nähe von Timbuktu, wussten. Neun Lichtjahre, das heißt, das Licht, das wir vom Sirius sehen, ist knapp neun Jahre von dort unterwegs, ebenso aber ist das Bild, über das Sirius lächeln könnte, knapp neun Jahre zu ihm unterwegs gewesen; was also ist vor siebzehneinhalb Jahren geschehen, worüber lächelt Sirius? Der Blick, den Y in die Tiefen des Alls schickt, ist gleichzeitig ein Blick in die Tiefen der Zeit. Zeit und Raum werden eins an den Grenzen des Vorstellbaren, dort liegt wohl auch die Wahrheit, an den Grenzen des Vorstellbaren kapituliert unsere Ratio, unser Denken - und das Wissen kann auf den Plan treten. Y schließt jetzt doch das Fenster. Am Alltag ist die Vernunft durchaus angebracht und noch mehr Wärme in die Nacht zu entlassen, sollte sie sich, kann sie sich ja eigentlich nicht leisten. Außerdem nähert sich eine Gruppe lachender Menschen dem gegenüberliegenden Hauseingang und Y erträgt das familiäre Geräusch noch nicht sehr gut, schon gar nicht an einem Tag, einem Abend, wie diesem: Menschen denken aus sich heraus, denken in die Parallel-Universen ihrer Mitmenschen hinein. In Übereinkunft werden

Grenzmauern und Schutzwälle niedergerissen, wenn sie einander begegnen.
Auch für Y gab es diese Zeit, in der der unbändige Wunsch besteht, alles Alte
zu bereinigen, die Fenster zu putzen, die Wäsche zu bügeln, nichts
herumliegen zu lassen und auch die alten Geschichten auszusprechen,
abzuschließen, die offenen Gefäße nicht wieder mitzunehmen.

Diese Zeiten sind vorbei. Es kümmert sie nicht mehr. Es gibt nichts mehr zu
sagen, es hört niemand mehr zu. Keine Rechtfertigung, keine Erklärung
mehr, kein Argument. Nicht mehr die Fragen nach Wert und Nicht-Wert,
oder Mehr-Wert, nach Recht auf Zeit, auf Zuwendung, auf Aufmerksamkeit.
Damals, als ihre Kraft zu Ende war, hatte sie selbst als erste und wohl einzige
gewusst, dass „es" nicht „wieder gut" werden würde. Es würde „endlich gut"
werden. „Wieder gut" wäre der alte Zustand gewesen, wären die alten
Verhältnisse gewesen, aus denen sie sich mit ihrem Zusammenbruch ja
gerade gerettet hatte. „Endlich gut" war das Ziel, das sie aus den Augen
verloren hatte, bis es sich mit schmerzhafter Unausweichlichkeit in ihren Weg
stellte: Selbst zu sein. Endlich wieder. Nicht das Tun mit dem Sein, nicht den
Film mit dem Leben zu verwechseln. Der Preis ist hoch. Für alle. Y weiß das.
Ihr Gewissen ist die Strafverschärfung, sind die Zinsen, die sie zusätzlich
zahlen muss.

Y weiß, sie ist damit nicht allein. Das ist schon tröstlich. Und das Drama
dieses Abends ist ja auch ein künstliches. „Verlieren wir nicht den Kopf -
atmen", das Gefühl um die Augen herum ist eng, Y muss wieder ans Fenster,
der Blick durch die Scheibe reicht nicht, die kalte Luft, die alles
zusammenzieht, muss her. Y macht das Fenster auf, die Sterne sind
verschwunden. Kurz kommt das alte Gefühl sich selbst bemitleidender
Bestätigung auf; eh' klar.

Beinah unmerklich beginnt es ganz langsam zu schneien. Kleine perfekte,
sechszackige Sterne fallen aus dem Himmel und landen sanft auf dem kalten
Fensterbrett.

Dann läutet das Telefon.

Es ist eine anstrengende Zeit   XII09

Die Kürze der Tage

gebietet den Winterschlaf.

Die Kälte der Tage

verlangt nach der Kashmirdecke.

Sie kriecht durch die Schuhe

Bis hinauf in die Knochen,

nicht klar und nicht trocken,

sondern feucht und vernebelt.

Wie stellen die Krägen hoch und stemmen die Schirme gegen den Wind.

Unsere Serotoninpegel fallen gegen null,

die Entscheidung,

nicht an der Grippewelle teil zu nehmen,

fällt schwer,

wie gern würden wir nachgeben,

nachlassen,

fallenlassen.

Aber, wer im Schnee einschläft,

erfriert!

Wir müssen in Bewegung bleiben,

das Feuer darf nicht ausgehen,

das Holz neigt sich dem Ende zu,

der Tank ist fast leer,

das Feuer darf nicht ausgehen,

wer stehen bleibt, friert fest,

wir müssen weiter vorwärts gehen,

so gern wir auch im Innen bleiben wollen, wer jetzt zu tief nach innen geht,

verliert sich dort!

Wir müssen unsere Oberflächen weiter versorgen, sonst sterben sie uns ab,

was nicht berührt, was nicht verwendet wird, das stirbt!

Deswegen wohl die vielen Kerzen, das viele Umarmen...

Kurz vor Weihnachten

Dichter wird die Zeit,

enger wird die Welt,

Kürzer wird der Tag,

es dauert nicht mehr lang:

die Essenz des Seins –

hochkonzentriert in einer Nacht,

getragen von unzähligen

und ungeteilt,

das ganze Gewicht,

die gesamte Last,

jede und jeder die ganze Aufgabe;

kein Hunger wird gestillt

am kunstvoll gedeckten Tisch:

serviert wird nur das Bild.

Wir kauen an den Rändern dieser Bilder,

wir malen sie ein ganzes Jahr.

Das Knurren unsrer leeren Mägen

verkaufen wir als „Mmmh, wie gut!"

Wir gehen in die lange Nacht,

die Luft ist draußen,

die Farbe blättert ab,

der Hunger schmerzt.

Der Vorwurf und das Schuldgefühl

in trauter Zweisamkeit:

zwei Seiten einer Münze,

die rundum gekrümmte Oberfläche

einer grüngrau schillernden Christbaumkugel!

Wir wollen uns treffen,

zu einem Punsch,

irgendwo!

Punsch,

dessen Reinerlös noch einem guten Zweck dient,

uns großzügig macht

und doch die Spende aus dem Status des Almosen hebt.

Punsch –

nach dem Fairtrade-Rezept,

die zimt-erntenden Kinder erhalten Schulbildung und Sozialversicherung,

mit Gewürznelken, streng genfrei und auch biologisch kontrolliert,

die Füße der Teepflückerinnen sind bestimmt nicht bandagiert, und auch

der Reis, aus dem der originale Arrak destilliert, geht keinem Kindermagen

ab!

Wir retten unsern Steffl!

Wir wollen uns treffen,

zu einem Punsch,

irgendwo!

Irgendwo,

wo's uns beiden, allen, leicht fällt,

wo Parkplätze nicht kurz oder verboten sind,

oder,

wo uns die U-Bahn aufwandsfrei ausspuckt

und wieder einsaugt,

so wie das die Stubenfliegen tun,

innen,

an den warmen Seiten unserer Isolierglasscheiben.

Zu einem Punsch,

dort, wo wir nach unserm Tagewerk

uns wissend, nonchalant,

dem generösen Smalltalk widmen können,

wo wir mit gönnerhafter Koketterie

die klammen Finger um die Becher legen und –

trotz Holzpalette – von dem einen kalten Füßchen

auf das andre treten,

ängstlich bedacht, dass uns kein Spritzer Zuckersaft

vom lautstark diskutierenden Stehtischnachbarn trifft.

Und doch,

Wir wollen uns treffen,

zu einem Punsch,

irgendwo!

Denn so ein Punsch irgendwo

hat schon seine Qualität:

das heißwürzige Getränk verführt ja doch ein Stück

zum Innehalten, Hinschauen,

ein bisschen Zeit sinnlos verscheißen.

Er wärmt das Herz uns auf mannigfache Weise,

das ist nicht übel, in der kalten, dunklen Zeit!

Sag', wollen wir uns nicht treffen,

zu einem Punsch, irgendwo?!

Der Dampf aus heißen Tassen

signalisiert Zivilisation,

ein Feuer,

einen Herd,

ein Haus.

so, wie das rötlich-gelbe Flackern eines Fensters,

der Dampf aus heißen Tassen wirkt wie Schornsteinrauch.

Wenn es Nasenspitze und Brillengläser uns beschlägt,

dann bildet sich ein Mikrokosmos zwischen Stirn und Tassenrand.

Wir schließen unsre Finger wie um eine heiße Kostbarkeit,

wir haben das Erfrieren überlistet!

Der erste Atemzug ist wie ein Inhalieren von Gewürzen und von Wärme

von einer Arznei.

Ich schließe meine Augen,

die Welt um mich verschwimmt,

Geräusche werden dumpf und fern,

der Duft, der Geist, die Wärme steigen uns ins Hirn,

ich fühle mich gestreichelt und getröstet,

die Zeit steht still.

Unwichtig kann jetzt werden,

was mich bis hier getrieben hat,

wo meine Panik war.

Sogar, dass ich allein bin,

in der Wolke von duftendem Dampf,

ist lediglich Verheißung,

tief in dem dunklen, kalten, blauen Wald,

heißt's Hoffnung,

verspricht es Ankunft,

heißt Gewissheit.

Weißt Du, …

Weißt Du,
es ist halt nichts leicht –
so steht das da.

Weißt Du,
wenn der Schmerz so groß
das Herz zerreißt;

Blutrünstiges Bild.

Warum nur,
immer durch und tief hinein
und durch
musst Du?

Weißt Du,
so ist es eben oft,
so sagst Du es.

Weißt Du,
wie tief das Dunkel ist,
wie schwarz,

Unheimliches Bild.

Warum nur,
immer durch und tief hinein
und durch
musst Du?

und gehst und tauchst
und hältst die Luft an
und spürst den Druck
und dennoch:

gehst hinein,

hinunter,

tief,
tief,
durch
bis
ans
Licht.

Gegenüber
sind die Fenster dunkel.
Dahinter –
Menschen wohl in tiefem Schlaf.
Darüber blinkt ein Stern.

Der Bau wacht über diese Ruhe,
die Fenster dunkel, wie geschlossne Augen
und ahnungslos, bar jeder Chance auf Verteidigung,
ohne Bewusstsein, in der andern Welt –
Menschen im Schlaf.
So scheint die Nacht barmherzig, - so scheint sie sicher,
denn – darüber blinkt ein Stern
und die Zeit scheint still zu stehn.
Trotzdem schreitet sie fort
und gibt und nimmt,
egal, wer schläft,
wie dunkel auch die Schatten, wie ruhig auch die Nacht,
die Zeit geht fort
und,
was in Gang gesetzt,
bleibt in Bewegung, bleibt im Lauf,
egal, wer schläft,
egal, wer sieht,
egal, wer weiß,

um Dinge, die in Gang gesetzt, Schicksale in Bewegung.

Während wir schlafen,

während unsre Fenster dunkel sind und unsre Häuser - fest und sicher –

unser Bollwerk sind,

während wir hinter geschlossnen Lidern träumen,

während ein Stern blinkt,

sind andre Fenster hell erleuchtet,

da wird im besten Falle produziert,

in andern repariert,

in andern diskutiert, verhandelt und gefleht - vergeblich,

da wird verweigert.

Und es blinkt ein Stern,

während unsre Fenster dunkel sind

und wir in Träumen fliegen,

hingegeben, ahnungslos,

wer weiß, wer da an unsre Tür geklopft,

und, wo ein Fenster hell,

dort auch nicht angehört,

da auch nicht eingelassen,

fortgeschickt,

dem Lauf der Zeit

unbarmherzig anheimgegeben,

während ein kalter Stern

über geschlossnen Lidern blinkt.

Im Hinterland des Tages

Sobald wir allein sind,
die Fenster verstummt,
teilst Du Deine Geheimnisse mit mir.

Du öffnest die verborgnen Taschen,
zeigst denen,
die dem Schlafen widerstehn,
das Innere Deines Gewandes.

Die blausamtenen Klänge Deiner Tiefen
tragen weit –
ganz ohne Konkurrenz.

Dein tiefer Atemzug
bringt süßen Lindenduft,
verströmt den Hauch der Erde;

es singt die Nachtigall
für sich und Dich und mich
und in der langen, stillen Winternacht
erstarrt die Zeit.

So sind wir unter uns,
für diesen Ort, diesen Moment.

Du teilst Dich nur mit mir,
nur Du und ich,
unendlich in der Dunkelheit,
im Hinterland des Tages.

Seltsam -

Wenn Dir

Nichts mehr bleibt,

Als Dein Stern

An Deinem

Stückchen Abendhimmel,

Dann

scheint Dir

seine Schönheit,

die Dir

Nächtelang geleuchtet,

Unerträglich,

Unverständlich,

Unerreichbar;

Und

Seine Ewigkeit

und Treue

immer noch

als Trost.

„Du, Mama, icchh glaub sicchha…!"   XI05

(auch zu finden im „Fundus" ISBN 978-3-7357-5066-2)

Als der kleine Michl das erste Mal erfasste, dass das Christkind Wünsche

erfüllen kann, war ihm – so, um Mitte Dezember – klar, wer die verlorene

Anhänge-Vorrichtung ersetzen würde. Darüber hinaus war es besonders

wichtig, den aktuellen LEGO-Prospekt sehr gewissenhaft durchzuarbeiten

und mögliche zusätzliche Wünsche vorzubereiten: „Jaa, das hätt' icchh

aucchh gern, das Piratenschiff, und das „Pollezeih"-Boot, das hätt' icchh

schon aucchh gern, und nocchh ein paar Schienen, jaa, die hätt' icchh schon

aucchh gern…!"

Es ist nicht einfach!

Aber dann, offenbar, die Überzeugung und die Erleichterung, das

Allerwichtigste betreffend: „Du, Mama, icchh glaub' sicchha, das Christkind

bringt die Anhängevorricchhtung!"

Das Christkind brachte die Anhängevorrichtung, natürlich. Selten hab' ich ihn

so springen sehen, vor Freude, wie ein Rumpelstilzchen, so, als wär' die

selbe Anhängevorrichtung (die im Sommer davor auf dem Schuppendach

gelandet war, beim Urlaub auf dem Bauernhof, und von dort nicht mehr

herunter geholt werden konnte), als wäre die Nämliche, höchstselbst

wieder zurück gekehrt.

Der Zauber ist ungebrochen.

Das Wunder findet jährlich statt, der Glaube daran wird konserviert.

Michl ist jetzt ziemlich „cool", aber er schafft den Spagat zum „Häferl", er

hat ein großes Herz. Und seine eigene Logik: Freunde brüsten sich mit dem

Preis, den die Eltern für den Christbaum abgelegt haben: „Du, unserer hat dreihundert Euro gekostet!"

Michl, lakonisch: „Zu was verscheisst's ihr so viel Geld, unseren bringt das Christkind!"

Man könnte sich fragen, wie sein Stand ist, im Kreis seiner Freunde und Kollegen, ob man ihn nicht aufzieht, wegen seiner Naivität. Aber, nein, den Michl zieht man nicht auf, den Michl lacht man nicht aus, der kommt dafür nicht in Frage!

Seine Schwester scheint zu schmunzeln. Es zeigt sich oft ein schmales Lächeln und das Blitzen des Schalks in ihrem Gesicht.

Man weiß nicht genau, was sie sich denkt, was sie von dem Theater hält.

Man kann davon ausgehen, dass es in ihrem Kopf rotiert, jedes Jahr, und, dass sie an einer wissenschaftlichen Erklärung für den Christbaum und die Geschenke arbeitet und daran, warum die Erwachsenen sich doch merklich seltsam benehmen in den Tagen vor der Bescherung.

Dennoch nimmt sie (nachdem die Anzahl der namentlich zugeordneten Pakete und deren Größe blitzartig verglichen und gecheckt wurden) die Berge in Empfang, ohne ernsthaft zu hinterfragen, wo die Pracht denn nun wirklich herkommt.

Auf der anderen Seite: es wird ja auch in der Schule, wurde schon im Kindergarten, gebastelt, für die Eltern. Logisch darf man's nicht durchdenken, wieso die Kinder für die Eltern basteln und die Geschenke für die Kinder vom Christkind kommen...

Aber Erwachsene schreiben ja wahrscheinlich auch keine Briefe ans Christkind...

vielleicht sollt' man's wieder einmal probieren??

Würde ich diesen Gedanken der kleinen Anna präsentieren, würde sie möglicherweise den Kopf auf die Seite legen, mich anschmunzeln und im Augenblick nicht wissen, ob nun wirklich das Weltbild, das in ihr präzise zu wachsen beginnt, das logische, ganz richtig ist oder ob diese Überlegung vielleicht auf die Tante angewendet werden sollte ...

Es bleibt beim Selben,
Der Zauber ist ungebrochen.
Das Wunder findet jährlich statt, der Glaube daran wird konserviert.

Auch die brillante Anna wird an den Punkt kommen, an dem sie dem Gefühl den Vorzug gibt, gegenüber dem Wissen. Michl's Weg wird vielleicht der kürzere sein, wenn er sich nicht so weit weg bewegt.
Große Herzen haben beide.
Große Wünsche haben sie auch.
Der aktuelle Stand ist folgender:
Man offenbart der Mama die Wünsche, die man ans Christkind hat, hinter vorgehaltener Hand.
Die Mama – vorsichtig die Ernüchterung anpeilend – räumt ein, dass das alles aber schon viel Geld kosten würde.
Die „logische" Antwort des Juniors: „Geh' Mama, deswegen wünsch' ich mir's ja vom Christkind!"
Man wird sehen.

Es wird dasselbe Ritual sein.

Die Tante wird am Christbaum die Kerzen anzünden, während die einreitende Restfamilie (diejenigen, die den Abend nicht vor Ort vorbereitet, sondern die Kinder beschäftigt haben) unter großem Hallo die ausgestreuten weißen Federn und die in den Büschen hängenden Strähnen von weißem Engelshaar und deren Herkunft diskutieren.

Michl hat angemeldet, er wünsche sich, „dass alles genau so wird wie im letzten Jahr!"

Die Tante wird versuchen, das Anzünden der Wachskerzen gut zu timen, gleichzeitig alle Spritzkerzen zu starten, das Glockerl zu läuten und – durch die zweite Tür aus dem Kinderzimmer entkommen – so zu tun, als käme sie gerade aus dem Garten herein (es wird ohnehin schon besorgt gefragt, wo sie denn sei).

Die Tante – wissend, dass die kostbaren Spritzkerzen unbewundert und die Wachskerzen unbeaufsichtigt hinter der Tür vor sich hin knistern – wird aufs Eintreten drängen („Habt's Ihr das Glockerl gehört? Na hopp, hopp, geh'n ma nachschauen!!").

Und ein süßes Zögern wird die Vorfreude noch verlängern.

Und dann wird man die Türe öffnen (es ist eine zweiflügelige...!) und da wird der Baum stehen und die Pakete werden darunter liegen, die nämliche Situation, die ich selber wenige Minuten davor in Gang gesetzt und mit einem letzten Blick zurück verlassen habe.

...

Und wie jedes Jahr werde ich mir denken (und nur ich kann's beurteilen!),
da ist in der Zwischenzeit doch noch was passiert.

Der Baum hat sich noch einmal aufgeschüttelt, die Bänder liegen besonders
schön um die Packerl, was glitzert, hat sich noch einmal aufpoliert, alles
lächelt, es herrscht ein Schein, den's vorher noch nicht hatte.

Ich denk' mir das jedes Jahr.

Eigentlich warte ich auf dieses Bild, - auf diesen einen Moment, eigentlich
geht es mir wohl darum.

Es bleibt dafür nur diese eine Erklärung:

es hat - während wir draußen waren - doch noch schnell jemand, kurz,
vorbei geschaut!

Fröhliche Kinderwelt, so leicht und bunt,
so unbeschwert
und sorgenfrei.

Fröhliche Kinderwelt, so voller Zukunft,
voller Wunscherfüllung,
voll lichter Augenblicke.

Fröhliche Kinderwelt
mit Spielen auf der Straße,
Essen im Schatten grüner Bäume,

Schlafen auf der Straße –
in Pappkartons,
genötigt und geschlagen;

Fröhliche Kinderwelt - unerwiderter Blick wird langsam leer,
kleine Hände, geballt zu Fäusten,
nicht zart im weichen Katzenfell.

Fröhliche Kinderwelt, oft gar so fröhlich nicht,
gar so sicher nicht,
gar so klar und licht,
ganz selten nur.

Wie dunkel Nächte,
wie dunkel off'ne Fragen,
wie schwer Verantwortung und Sorge um Glück und Heil -
Kinderwelt.

Wenn ich ein erleuchtetes Fenster seh',

denk' ich immer zuerst,

dass dahinter jemand steht,

der   kocht,

           wäscht,

           ordnet,

           und,

dass daneben,

dort, neben dem stehenden Menschen,

jemand sitzt

und   isst,

           schreibt,

           malt,

           spielt.

Erst später,

wenn ich meine Erinnerung,

oder den Wunsch nach einer Erinnerung

zur Seite schieben kann,

erkenne ich,

dass hinter dem erleuchteten Fenster

jemand stehen könnte,
der   streitet,

        schlägt,

        schreit,

        und,

dass daneben,
dort, neben dem stehenden Menschen
jemand sitzt

und   zittert,

        weint,

        bittet,

        stirbt.

Die Weihnachtliche Zahlschein-Flut

Um diese Zeit

sind alle Herzen weich.

Vielleicht nicht alle, wörtlich,

für viele ist das Weich-Sein

reiner Luxus.

Doch, wer sich's leisten kann,

ein Tränlein zu zerdrücken,

im Angesicht des Elends und der Not,

den drückt recht bald

der Luxus schwer...

Und wohl zurecht

und gut getimt

strömt Schwall um Schwall

der Spendenbriefe, Glückwunschkarten,

Zahlschein' und –allongen

durch die Post;

Wenigstens dies' eine Mal,

einmal im Jahr,

so denken wir – wenn's geht -,

es fehlt ja eigentlich

bereits die Zeit zum Zahlscheinausfüllen –

wenigstens dies' eine Mal,

einmal im Jahr,

fällt mancher Brief

halt nicht auf dürren Boden,

sondern

in ein weiches Herz

und findet seinen Platz

zwischen Gas-und-Strom und Umsatzsteuer –

und seinen Weg

über die Budel, auf der Bank.

Und schon behalten wir

Adventkalender, Glückwunschkarten,

Schlüssel- und Paketanhänger

mit strahlend aufpoliert-

und ruhigem Gewissen

und dürfen lächeln

angesichts des Elends und der Not.

Im blauen Sturm der blauen Nacht
Die Versuchung so groß.

Ein bisschen Gelb und Rotorange
für die Netzhaut und die Hoffnung.
Gegen das violette Blau
des unbarmherzigen Frosts,
der stählernen Kälte,
der die Gesichter verhüllenden Mäntel.

Ein bisschen Gelb-Orange gegen die Einsamkeit.
Das Licht verlöscht,
das Nachbild verblasst,
die Nacht ist umso tiefer,
kälter,
schwärzer.

Noch eins.

Ein bisschen Gelb und Rotorange und flüchtige Wärme.
Ein kleiner Raum Geborgenheit um die zitternde Flamme.
Verweilen ist nicht ihres,
sie sollte etwas größeres beginnen,
das zum Verweilen wär,
allein, das gibt es nicht.

Das Schwefelholz muss reichen.

Noch eins

Und langsam hingesunken,
nur kurz,
am nächsten Tag gefunden.

Wenn Schnee liegt...
Ruhe

Wenn Schnee liegt...
sanft

Wenn Schnee liegt...
hell

Wenn Schnee liegt,
in dunkler Zeit,

still fällt
oder braust
und dann still liegt,

Schnee,
gefror'ne Luft,
wärmt –

Stille,
wenn Schnee liegt.

Handle with care

Das Licht ist ganz zerbrechlich,

wie eine dünne Eisschicht
schimmert der blasse Himmel.

Wenn er zerbricht,
fallen scharfkantige Lichtscherben aus den Wolken.

Unser Stern,
hält uns auf Distanz,
kostbar wie Kristall
scheint uns das kurze Licht,

zerbrechlich ist der Tag,
das Leben dünn und trocken.

Wir sollten uns an uns're Knochen führen,
als Reverenz an diese pure Zeit.

Wir sollten uns erforschen,
wir sollten uns nicht schonen,
viel Zeit bleibt uns nicht
und keine für die altbewährten Ausreden.

Wir wollen die Zerbrechlichkeit
jetzt zelebrieren.
Atme ganz vorsichtig,
kein grober Griff,
kein lautes Wort.

Wisse um die Zerbrechlichkeit,
jetzt aber ist die Zeit,
schieb's nicht hinaus,
sprich's an, schau hin,
nimm es nicht wieder mit!

Zerbrechlich, wie Eis und Glas,
und kalt und klar, wie Kristall,
sind dieses Licht und diese Zeit
und kurz die Tage!

Solange unser Stern sich abwendet,
bereinige, versöhne, verzeihe.

Das Licht der Wende ist zerbrechlich,
die Wende jetzt –
die Zeit ist jetzt ganz nah und knapp,
nur kleine Schritte sind erlaubt,
kein grober Griff, kein lautes Wort,
die Folgen wögen schwerer jetzt ...

Eigentlich, wie wohnt er?

Drei Meter unter mir.

Ich geh' durch meine Wohnung, durch mein Licht,

ganz geläufig und selbstverständlich sind mir Stimmung und Funktion und

drei Meter unterhalb existiert eine fremde Welt. Höchstwahrscheinlich.

Es ist ja nicht alles fraglich.

Einige Aktionen und Ereignisse sind grundsätzlich ihm zu zu ordnen. Ich
weiß, dass er vor meiner Türe stand und mich beschimpft hat, auch, wenn
er's abstreitet. Ich weiß, dass ich ihn gesehen hab', im Aufzug, nachdem wir
zwei Sicherungen ergänzt hatten und diese unmittelbar danach wieder
fehlten – es hat ihn halt niemand beim Tun beobachtet.

Ich weiß, was ich in

seinem Kellerabteil liegen seh', auch, wenn ich dafür keine Rechnungen
mehr habe. Wer hebt auch Rechnungen für Türmatten auf?

Er wohnt direkt unter mir,

oft hab' ich's überprüft, konnt's, wollt's nicht glauben. Kann mir immer noch
nicht vorstellen, dass er in ähnlichen Räumen lebt, wie ich. Es muss so sein,
die Wohnungen sind gleichzeitig saniert worden, ich kenn' den Planer, es
gibt sicher nicht in jedem Geschoß verschiedene Grundrisse – über einander.

Wie wohnt er also – drei Meter unter mir?

Wo steht sein Esstisch, wo sein Bett, hat er eine Sitzgelegenheit, ein Sofa
oder so?

Soviel ich weiß, raucht er; riecht es in seiner Wohnung so, wie's manchmal
in meine Fenster steigt? Kommt der Geruch überhaupt von ihm?

Bitte, mich jetzt nicht miss zu verstehen: Kocht er sich was? Was isst er?

Da lebt ein Mensch, seit über dreißig Jahren in demselben Haus.
Zuerst im Hoftrakt, der dann, im Zuge der Sanierung geschleift und die
Familie umgesiedelt wurde in den Straßentrakt.
Ob seine Eltern davor oder danach gestorben sind, kann ich gar nicht sagen,
sie dürften aber seine „Lebensbeziehungen" bestritten haben. Seit ihrem Tod
– wann und wie auch immer – dürfte er, so sagt man im Haus, ziemlich
konsequent alleine leben. Und Selbstgespräche führen. Gut, das sagt noch
nichts, das mach' ich auch.

Wenn ich ihn seh', aus dem Haus gehen, vorerst immer dieselbe Richtung
einschlagen, dann manchmal unvermutet einen anderen Weg gehen, die
Runde offenbar auch variieren, denk' ich oft, wozu macht er das? Nie ein
Behältnis, keine Tasche, nie Einkäufe, auch nichts, was auf einen Weg zu
einer Arbeit schließen ließe. Wovon lebt er überhaupt?

Er trägt nicht immer dieselbe Jacke, aber auch nichts ausgeprägt Jahreszeit-
Bezogenes; es ist immer eine Lederjacke, manchmal Rauleder, dann wieder
glatt, die glatte dürfte wärmer sein, die raue ist mehr ein Lumberjack. Immer
Jeans, an den Oberschenkeln speckig. Er riecht auch – seltsam. Eigentlich
durchaus so, wie's manchmal in meine Fenster steigt.

Wer wäscht für ihn? Die Vorstellung, dass er selber eine Waschmaschine ein-
und ausräumt, erscheint mir ähnlich absurd, wie das Bild von ihm am Herd.

Wann geht er schlafen, wann steht er auf?
In periodisch auftretenden Schüben höre ich seine „Selbstgespräche".
Lautstarke Schimpf-Tiraden, oft unflätigsten Wortgebrauchs. Meistens auf
einen Mieter oder eine Mieterin bezogen. Auch ich bin schon drin
vorgekommen. Einmal hab' ich seinen Schatten an der gegenüber liegenden
Feuermauer gesehen, da kannte ich ihn noch nicht. Ich war so beunruhigt,
dass ich die Polizei verständigt habe, weil ich den Eindruck hatte, es findet
ein Streit zwischen zwei Personen mit potenziell gewalttätigen
Handgreiflichkeiten statt. Die Beamten haben mich dann aufgeklärt, dass der
Mann alleine ist.

Drei Meter unter mir, ein Leben, so fremd.

Ein Paralleluniversum.
Um ihn herum Menschen, soziale Gefüge unterschiedlichster Herkunft und
Kultur.
Lauter weitere Universen.

Und doch gibt es Zeiten, in denen diese Welten sich in eine einzige Richtung
orientieren.

Die Wochen vor Weihnachten sind eine solche Zeit.

In den allermeisten Kulturen bereitet man sich auf ganz besondere Tage vor,
die alle mit dem Leben an sich, mit Familie und auch mit Gemeinsamem zu tun haben.

Und ich frage mich: was wird sein, drei Meter unter mir?
Bei weitem nicht zum ersten Mal. Dennoch, im Grunde, nicht weniger
schmerzhaft, so stelle ich mir's wenigstens vor.

Ruft ihn jemand an? Lädt ihn jemand ein?
Wird er über die Weihnachtstage, wie sonst auch, seine seltsamen
Spaziergänge machen?
Wie wird er dann heimkommen, vorbei am Innenhof, in dem schon Tage
nach dem Fest die ersten abgeräumten Christbäume traurig vertrocknen, in
seinen zweiten Stock hinauf gehen und seine Wohnung betreten, drei Meter
unter mir,
drei Meter unterhalb meines Christbaumes, meiner Vanillekipferl, meiner
Geschenke – die ich nach dem Heimkommen von der Familie in aller Ruhe,
im Kerzenschein, nur für mich, noch einmal „auspacke".

Das Sentiment, die Sentimentalität treibt seltsame, bunte Blüten.

Das kollektive Gefühl, die kollektive Weichheit dieser Tage trägt die
Versuchung in sich, Dinge zu tun, die man im Vollbesitz der rationalen

Fähigkeiten nicht einmal andenken würde: soll ich ihn drauf ansprechen? Sollte ich ihn gar auf eine Jause einladen?

Die Vorstellung, dass er bei mir in der Wohnung sitzt, lässt mich eine leichte Übelkeit verspüren,
mir kräuselt's das Zwerchfell;

Trotzdem.
Irgendwie lässt mir der Gedanke an eine derartige Einsamkeit keine Ruhe. Besonders um diese Jahreszeit.

Eine Einsamkeit, die ich durchaus auch von anderen Geschichten kenne, auch in meinem Freundeskreis.
Oft wird die Einsamkeit gewählt, als das kleinere Übel.

Ich weiß nicht.
Ich weiß auch nicht, ob der gesellschaftliche Druck, um die Weihnachtstage nicht allein sein wollen zu dürfen, nicht ohnehin eine künstliche Sache ist. Eine, die uns aufgedrängt wird, weil ein Mensch, der die Gesellschaft die eigenen Person, und nur dieser, der Gesellschaft mehrerer halbherzig Anteil nehmender Personen vorzieht, a priori suspekt erscheint?

„I'll be home for Christmas" Was oder wo ist zu Hause? Sind nicht Menschen, die bei sich ‚zu Hause' sind, eher bei sich und daheim, als Menschen, die ihren Schwerpunkt vornehmlich im Außen suchen?

Wobei, das eine schließt das andere nicht aus. Und soziale Kompetenz, das soziale Spielbein, sozusagen, arbeitet ja auch nur gut, wenn das eigene Standbein gut verankert ist.
Ich weiß auch nicht.
Was ich kenne, ist durchaus Einsamkeit.
Das Gefühl, ausgeschlossen zu sein, die eigenen Grenzen sichern zu müssen, nicht nur gegen das, was von außen rein kommen könnte, sondern auch gegen das, was von innen rausquellen würde: Schmerz, Tränen, Fragen.

Die Weihnachtstage und ihr Zelebrieren des Gemeinsamen, der Familie und der Freude, sind eine Zeit, in der die Sicherung der Grenzen in beide Richtungen nachlassen darf, in der die Grenzen durchlässiger sein dürfen. In der Gefühle in beide Richtungen fließen dürfen.

... sind eine eine Zeit, in der wir den Blick heben dürfen, weil wir wissen, dass wir in ein Gesicht schauen werden, das sich nicht abwenden wird, weil wir wissen, dass, wenn wir den Bauch herzeigen, keine Klaue, kein Zahn hineingeschlagen wird, weil wir wissen dürfen, dass wir sicher sind.

Die Zeit um Weihnachten verspricht Unlogisches: dass nämlich just, wenn es am dunkelsten ist, die Erlösung am nächsten ist.
Dass das Licht sich nicht besiegen lässt, das Leben – wenn auch unsichtbar – immer weiter geht.
Dass Verzeihen möglich ist.

Dass wir den Pott, den Kübel, mit dem Alten, das am Boden schon fault, ausleeren und mit einem leeren Kübel in den neuen Zyklus gehen dürfen.
Dass wir jedes Jahr erneuert werden.

In diesem Sinne mach' ich mir wirklich Gedanken.
Bin recht verunsichert.
Hatte eigentlich gehofft, dass ich durch das Aufschreiben zu irgendeiner Klarheit kommen kann.
Vielleicht wird's ja noch.

Es sind immer Menschen. Immer.
Menschen mit einer Geschichte, ihren eigenen Erinnerungen, Gefühlen, Freuden, Schmerzen.

Wenn ich nur wüsste, wie man einen Schritt tut.
Ja, eh', einen Fuß vor den
anderen setzen. Schon klar. Aber, mach' das einmal wirklich!

Was, wenn dort eine Falle liegt? Ein Hundehaufen, sonst was grausliches.
Und vor allem, in welche Richtung sollte der Schritt gesetzt werden?

Vielleicht einfach einmal auf den Menschen zu. Ohne erklärtes Ziel.

Vielleicht sollte man einfach einmal einen Schritt auf einen Menschen zu
machen und ihm ins Gesicht schauen...
Vielleicht können drei Meter endlich überwunden werden.

Kalte Tage

Kalte Tage,
kalt und rau,
mir wird ums Herz ganz warm,
wenn ich in Fenster schau.

Wenn ich in Fenster schau,
darin sich Kerzenschein,
der goldene,
und Sterne spiegeln,

Wo sich die Sterne spiegeln,
verheißungsvoll,
voll Hoffnung in der dunklen Nacht,
der längsten überhaupt.

Die Nacht am längsten
und am dunkelsten,
die Hoffnung klein
die Tage kurz

und kalt
und rau
und hart,
die Tage,
kalt, die Tage.

Wie viele sind wohl schon vergangen

unverzeichnet, unerkannt,

seit Anbeginn,

seit dem Urknall

und davor?

Wie oft hat sich schon

eine Sonne

aufgebläht

zum Roten Riesen,

wie in einem tiefen, letzten Seufzer,

und mag dann – reduziert auf ihres Wesen's Kern -

zum heißen,

weißen,

Zwerg kollabiert,

in einem Neutronenstern oder schwarzen Loch

oder einfach einem kalten Rest, wie eingeschrumpft,

all ihrer Energie entledigt

geendet sein?

Wie viele haben schon auf diese Weise,

unverzeichnet, unerkannt,

zum Lauf der Welt,

des Universums,

beigetragen?

Man kann es nicht mit auch nur einem Anflug

von Gewissheit

sagen.

Wir schauen in die Weite,

in die Tiefe,

wir ernten die letzten, jüngsten Triebe

eines unermesslich großen Baums,

so hoch, dass wir,

in seiner Krone sitzend,

weder Anfang noch Ende

ermessen können.

Anfang und Ende - aus unserer Sicht,

der Baum selbst kennt wohl beides nicht.

Wir betrachten einen kleinen Raum,

eine kleine Zeit,

eine Handvoll,

stecken unsere Nasen tief hinein,

vollführen wichtige Betrachtungen

und schwingen große Reden über die Beschaffenheit

des Baumes und seine Art zu wachsen und zu sein

und haben keine Ahnung

und schnallen's nicht.

Und über'm Wipfel

verglüht uraltes Licht,

unermesslich weit gereist,

es fragt nicht, wer es erkennt

ob überhaut und wer sich leuchten lässt,

es ist das alte Glühen,

zu groß für nichtige Bewertungen,

es ist das alte Glühen der

Sterne ohne Bedeutung.

Es war einmal ... es war zu einer andern Zeit.

Es ist, als wär's an einem andern Ort.

Ich klopfe rückwärts an ein altes Tor, als wollt' ich wissen, wo ich nicht zu

Hause war.

Die Ordnung fordert nun, dass ich den Weg noch einmal geh'.

Es muss der Kreis vollendet sein.

Im Kleinen kreiseln wir an jedem Tag zwischen Geburt und Tod.

Ein Wolframdraht, der, in sich selbst gekräuselt und verdrillt, in jeder

Wendung neue Kräusel malt. Von Mikro- in die Makro-Welt und jedes

Kreiseln in sich selber ganz und dennoch Teil des Ganzen.

Wir oszillieren um uns selbst, fast wie ein Doppelstern, so wie zwei Kinder,

wenn sie „Teller-Reiben"-

Wir streben von einander fort und können dennoch nur deswegen weiter sein,

weil wir gut fest gebunden an uns selber hängen.

So schwing' ich mich von einem Standort vorwärts, rückwärts, seitwärts –

und manches Mal im Kreis.

Ein Standbein und ein Spielbein, ewig wechselnd, Tag um Tag.

Wie tragfähig der Untergrund, auf dem das Spielbein landen will, stellt sich

erst in dem Augenblick heraus, an dem es dann den Boden zart berührt.

Das ist das Risiko.

Und auch der alte Weg muss rückwärts nicht so sein, wie er vorwärts uns erschien.

Das ist das Spannende.

Es muss der Kreis vollendet sein.
Ich klopfe rückwärts an ein altes Tor,
muss einmal noch zurück, hinein.
Muss noch einmal sehen, was ich war, woher ich kam und auch, warum ich ging.

Es muss jetzt endlich Ordnung sein!
Die bunt gemischten Stöße von halbherzig Abgelegtem müssen jetzt zerlegt und zu dem Ganzen wiederum gefügt und eingeordnet sein.
Zeit ist es, dass das Kreisen um mich selbst ein Ende hat.
Dass dieses Flirren und Vibrieren endlich sich verdichtet, dass der Radius sich reduziert
und ich bei mir zur Ruhe komm'!

Was wäre wenn,

es am 24. Dezember dicke Flocken schneien würde und der Boden schon so kalt
wäre, dass die weiße Decke liegen bleiben kann?

Kaum vorstellbar.

Was wäre ein Weihnachten ohne Geschenke,

Was wäre eine Weihnacht in Stille, in Frieden?

Manuela bewegt sich behutsam durch die Wochen und Tage des späten
November und frühen bis mittleren Dezember, pirscht sich an das ultimative
Datum heran: den vierundzwanzigsten Dezember.

Seit Wochen umkreist sie die Tage um die Wintersonnenwende wie ein Komet
auf einer Spiralbahn,

wie ein Asteroid, auf dem sich beschleunigenden Weg, der unweigerlich zur
Kollision führen muss: der vierundzwanzigste Dezember ist nur schwer
vermeidbar (entweder muss eine Sprengung den sich nähernden Körper aus
seiner Bahn oder den Landeplatz aus der seinigen bringen) –

als Datum ist er quasi unvermeidbar: er kommt, er wird dämmern, wir können
nicht vom 23. auf den 25. springen, können ihn nicht auslassen, wie die 13.
Sitzreihe im Flugzeug, (die heißt eben dann 14), oder 75% der 29. Februare;
außerdem können der 25. und der 26. Dezember mindestens so viel Schaden
anrichten, wie der 24., und dann ist es ja noch nicht vorbei,

nein, den 24. muss man nehmen, an dem kommt man nicht vorbei.

Manuela denkt Dieses oder Ähnliches seit vielen Jahren, alle Jahre wieder.

Nimmt sich jedes Jahr vor, „es diesmal anders zu machen" – soll natürlich
immer heißen „besser", wobei, was heißt wieder „besser", was ist gut, was ist
nicht gut am Heiligen Abend.

Wir wissen das ganz genau, denkt Manuela, wieder einen ihrer Denk-Loops
absolvierend,

wie vergessen's nur immer wieder, es gleitet aus unserem Gesichtsfeld, es legt
sich ein Nebel über dieses Wissen.

...

Der Zeit-Faktor

Es schneit ganz leicht,

die Zeit scheint still zu stehn,

das sanfte Schweben verlangsamt manche Hast,

als hätt's die Flocke gar nicht eilig,

am Boden anzukommen;

als müsst' noch da und dort geschnuppert und geschaut,

ein Blättchen, eine Haube oder Hundeschnauze

test-beschmolzen werden,

als wüsst' die Flocke ganz genau,

„was liegt, das pickt" ...

Und dennoch ist nichts Tragisches am Schweben,

das im Schmelzen enden muss.

Es gilt nur der Moment, der freie Augenblick,

der ohne Zweck und Ziel ganz einfach – ist,

in dem die Zeit zum Stillstand kommt.

Wie kostbar ist der Augenblick, der solche Länge annimmt,

durch die Hilfe eines schwebenden Kristalls,

in Zeiten, da wir atemlos einander „frohe Tage" wünschen.

Kommt nicht dankbar auch,

quasi, „die Seele nach",

wenn endlich sich ein physisches Verweilen spüren lässt?

Die hechelt bis zu diesem Zeitpunkt

etwas zerfranst dem Körper nach

und fürchtet, ihn ganz zu verlieren...

und was täten all die im Advent

verlor'nen Seelen denn am Weihnachtsabend?

Was täten dann die seelenlosen Körper

unter'm Christbaum?

Es wär' wahrscheinlich eher Halloween,

wenn ich's mir richtig überlege ...

Die Vorstellung gefällt mir nicht.

Vielleicht hoffen wir auch deshalb jedes Jahr auf „Weiße Weihnachten",

weil das Fallen der Flocken und die mildweichen verschneiten Formen

uns erinnern,

dass das Leben nicht immer

schnell,

hart,

cool

sein muss.

Es ist alles gut.
Erinnerung voll Zuversicht,
der fremde Duft am fremden Ort
und eine kleine Sehnsucht.

Die – ganz natürlich unerfüllt –
aus und für sich selbst besteht.

Die Sehnsucht ist ein Teil der Zeit.

Die Orange schmeckt ganz selten nur so gut,
wie ihre Schale duftet.

So hätt' wohl die Erfüllung meiner Sehnsucht
nicht gehalten,

was sie selbst versprochen hat.

Es ist nicht alles Gold, was glänzt,
wie wenig Gold,
stellt sich oft doch nach Jahren erst heraus,
wenn überhaupt.

Das Blei, das da an seiner Oberfläche glitzert,
ist schwer und dumpf
und wird verbreitet, weil sich's tarnt und Sehnsucht weckt!

Und zwischen den Orangen gähnen Abgründe
und laute Worte und erhob'ne Hände
gellen draus hervor.

Das Duften von Orangenschalen liegt darüber wie ein süßer Nebel,
unwahr.

Eine rosa Hyazinthe XII10

Eine rosa Hyazinthe
Steht ganz klein und dick
bei meinem Frühstücksplatz.

Sie war nur grün und Blätter,
als ich ihr nicht widerstehen konnte,
in der Quengelzone meines Supermarktes.

Ich lad' sie ein und nehm' sie mit,
zu mir nach Haus,
ins Warme.

Dorthin, wo sie einzig ist
und nicht preisreduziert
und übrig.

Planmäßig schiebt sie an.
Das dicke, kurze Grün wird länger, wächst,
die Knospe in der Mitte
findet ihren Weg.

Es ist,
als holte sie das nächste Jahr herbei,
als könnte sich die Wintersonnenwende
nur ereignen,
weil sie blüht.

Das Wünschen

Das Wünschen ist in dieser Zeit erlaubt,

speziell für den, der noch an die Erfüllung glaubt.

Das Wünschen klopft in dieser Zeit an meine Tür.

Ich glaub', ich geb' ihm diesmal eine Chance.

Ich glaub', ich wird' diesmal für möglich halten,

was mir der Kopf den Rest des Jahr's versagt..

Was weiß ich denn vom Mechanismus,

von den Zusammenhängen,

von den Vorgängen,

die im Hintergrund das Leben stricken?

Auf Basis welcher Wahrheit nehm' ich mein Hirn als einzig gültiges

Wahrnehmungsinstrument?

Ich möcht's für möglich halten,

und ich möchte' es glauben dürfen.

Das Wünschen ist in dieser Zeit erlaubt,

dass Wunder möglich sind,

darf hier und jetzt geglaubt sein,

deshalb sind sie wahr!

Die Dritte Heilige Zeit (auch zu finden im „Fundus" ISBN 978-3-7357-5066-2)

Die dritte Heilige Zeit, oder die erste, im Jahr. Es kommt drauf an, von wo man zählt.

Als Familie besuchten wir die Verwandten, diese speziellen, wirklich nicht viel öfter, als dreimal im Jahr: zu Ostern, im August, konkret am Fest Mariä Himmelfahrt, und zu Weihnachten. Insofern also die dritte Heilige Zeit; weil aber der Ausflug meistens am Dreikönigstag angesetzt war, also Anfang Jänner, könnt' man mit dieser verspäteten Heiligen Zeit eigentlich anfangen, als wär's die erste. Soviel, nur der Nomenklatur wegen.

Es war durchaus ein Ritual - wie auch zur Tante, die keine war, machten wir uns wohl auch ins Burgenland regelmäßig zu spät auf den Weg. Es ist eben immer etwas dazwischen gekommen, regelmäßig wurde etwas vergessen, nicht gefunden, doch anders entschieden, wie auch immer...

Eines Dreikönigstages sind wir um den Verwandtenbesuch unverschuldet umgefallen. Auf der Südautobahn, kurz nach der Wiener Stadtgrenze hat ein aus einem Winterreifenprofil geschleuderter Stein unsere unter thermischer Spannung stehende Windschutzscheibe getroffen. Man kann sich vorstellen, was passiert ist – der Vater am Steuer ist wohl die letzten schnellen Meter im Blindflug zum Pannenstreifen gefahren, ich selber kann mich nicht erinnern, ob das Craquelée-gesprungene Sicherheitsglas noch irgendeinen Durchblick erlaubt hat, ich erinner' mich nur an den Knall.

Ganz vorsichtig hat der leise fluchende Vater den Motor abgestellt, hat die Fahrertüre geöffnet und uns noch verboten, irgendetwas zu bewegen, um zu verhindern, dass die Scheibe ins Auto stürzt und hat dann mit der Kraft des unterdrückten Ärgers seine Fahrertüre – zugeschmissen ...

Na ja, die Mutter saß mit offenem Mund in den runden Glaskügelchen, schön gleichmäßig haben sich die Sicherheitsscherben im vorderen Bereich des Fonds verteilt und für einen Moment waren wir alle so still, wie's der Vater vor dem Aussteigen wohl gemeint hatte.

Die Heimfahrt war recht frisch.

Ich weiß noch, dass die Eltern uns empfohlen haben, irgendetwas vor Mund und Nase zu halten, um eine ernsthafte Verkühlung zu vermeiden und ich erinner' mich an den Geschmack der kondensfeuchten Kunstpelzquasten, die an meiner Winterhaube an langen Kordeln baumelten und die ich mir gemäß der elterlichen Ermahnung vor – eigentlich beinahe in - den Mund gehalten hab' ...

Der brennende Adventkranz   (auch zu finden im „Fundus" ISBN 978-3-7357-5066-2)

Kerzen nicht unbeaufsichtigt brennen lassen!

Wenn Sie Wachskerzen am Christbaum haben, achten Sie auf die Abstände zu darüberhängenden Zweigen, Zuckerlpapierln und anliegenden Vorhängen und halten Sie einen Feuerlöscher oder einen Wasserkübel (gefüllt!) bereit!

Wie viele Wohn- und Kinderzimmer (auch die der Nachbarn!) enden nach dem Heiligen Abend verkohlt und vom Löschwasser zusätzlich zerstört und führen die Bemühungen um Frieden und Harmonie ad absurdum?

Uns passiert doch aber sowas nicht, wir passen doch auf, wem sowas passiert, die müssen ja völlig unfähig sein – ja?

Na ja, gut. Aber sowas geht dann doch schneller, als einem lieb ist.

Also, ich war noch ziemlich jung, fast klein beinah, die Schwester umso kleiner.
Damals war Bescherung immer in unserem Kinderzimmer.
Die Raumbeleuchtung war eine Art „Luster", ein Holzleisten-Dreieck, die Kabel in Tetraeder-Form zum Deckenauslass geführt und an den Dreiecksecken je eine Fassung für eine Glühlampe und ein von der Großmutter handbemalter, zylindrischer Schirm: Sonne, Mond, Sterne. Sehr schön!

Unterhalb dieses Holzleistendreieck wurde jedes Jahr der Adventkranz befestigt und baumelte dann zwischen den Lampenschirmen. Auch sehr schön.

Gut, und dann war Christkind und wir Kinder waren wild am Auspacken gewesen; und während die Mama brav den serbischen Karpfen mit Knofelbutter und Vogerl-Erdäpfel-Salat fertig machte, waren wir Kinder mit den Geschenken beschäftigt und der Papa einen Sprung in den Keller um eine Flasche Wein und niemand dachte an die Berge von Einpackpapieren, die sich da unter der Kinderzimmerlampe aufgefaltet hatten, und drüber knisterten die Kerzen am Adventkranz.

Eine davon schon das fünfte Mal, mindestens: vier Advent-Sonntage und der Heilige Abend. Das nimmt so ein Stumpenkerzerl schon ganz schön her. Das kann sich zum Schluss vielleicht auch nicht mehr ganz grad halten. Oder die Balance des hängenden Kranzes wird sowieso immer labiler, jedenfalls ist die Konstruktion wohl in eine Schieflage geraten und offensichtlich waren die Bänder, mit denen der Kranz am Holzleistendreieck des Lusters befestigt war, recht bereitwillig Feuer und Flamme für die neue Dynamik...

Also. In dem Moment, als der Kranz von den Bändern nicht mehr gehalten werden konnte und sich auf den Weg in die aufgefalteten Gebirge von weihnachtlichen Einpackpapieren machte – in diesem Moment schloss der Papa die Wohnungstüre auf, mit zwei Flaschen Wein in den Händen. Die hat er relativ schnell abgestellt. Und ist durch das Wohnzimmer zum Kinderzimmer gesprintet. Quasi parallel zur Abwärtsbewegung des inzwischen lichterloh brennenden Adventkranzes. Und hat den mit ausgestreckten Armen aufgefangen...

Kehrt marsch und ist ins Badezimmer gerannt (zum Glück war unsere Wohnung nicht wirklich riesengroß), wo er den Kranz in die Badewanne hat fallen lassen und kurz abgeduscht hat.

War eh' kein Problem. Ist eh' nix passiert. Auch dem Papa nicht. Ein paar Wachstropfen vielleicht in den wieder verwendbaren Einpackpapieren, aber damit konnten wir leben.

Was hat die Winternacht?

Verheißung eines kurzen Tag's,

der ihr Wesen trägt:

tief, schwer, dunkel,

ist sie der Schwerpunkt der vierundzwanzig Stunden.

Ein kaltes Licht

mit Nachtcharakter –

oder gleißend klar.

Die Winternacht,

tief innen schaut der Wintertag

nur knapp über den Rand:

er hält die Welt,

so, dass sie nicht vergessen wird.

Die Winternacht ist besser aus der sicheren Distanz!

Es zieht von beiden Seiten an den Übergängen

und zerrt an uns und stößt uns hin und her.

Was hat die Sommernacht?

Das Grün des Tag's,

in dem das Licht kocht,

vibriert weiter

in der kurzen Dunkelheit.

Die Sommernacht ist nah und kurz und hell,

der Sommertag reicht weit in sie hinein,

wie wir,

und auch die Sommernacht reicht bis zu uns

und sie verheißt das Leben, wie es ist,

ununterbrochen, groß.

Es zieht von beiden Seiten an den Übergängen

und zerrt an uns und stößt uns hin und her.

Diesmal (Das letzte Mal)

war mein Christbaum eine alte Seele.

Nicht groß und ziemlich schmal, hab' ich ihn als „den meinigen" erkannt:

er stand bereit am Rand des kleinen, wurzelfreien, Wäldchens,

das der Händler auf dem Marktplatz eingerichtet hatte,

und wartete auf mich.

Ganz unspektakulär hat es sich angefühlt,

wie ein „da bist Du ja" – so, ich zu ihm und er zu mir.

Er war ziemlich bescheiden,

er brauchte gar nicht viel,

weder an Schmuck, noch Wasser,

und hatte dennoch etwas, fast wie eine kleine Autorität,

wie eine Art von Fest-Heit, von stabilem Wesen,

ohne viel Tamtam, aber mit unaufgeregtem

„Es ist, wie es ist".

So war es, wie es war.

Die Zeit vergeht,

die Klammer steht,

die Naht ist überbrückt, wie eine kleine Wunde,

eigentlich, wie eine Wachstumsfuge, die sich schließt.

So geht er jetzt - jetzt darf er gehen,

er ist schon ziemlich müde,

hat sich vier Wochen lang gehalten.

Er kehrt zurück in seine Form,

legt die Verkleidung ab,

wird wieder, was er ist: Natur.

Das war er auch bei mir, für mich,

das war quasi sein Job.

Es ist genug, jetzt darf er gehen.

So wird zum einzig Richtigen,

was kurz zuvor noch undenkbar

und nicht zu akzeptieren schien:

wenn's Zeit ist, ist es Zeit,

dann ist es, was es ist.

Beim Abbauen des Christbaums   I-II08

Beim Abbauen des Christbaums

erst

beschließt sich das alte Jahr.

Erst,

wenn die Weihnacht,

verblasst und vertrocknet,

restlos in die Vergangenheit gleitet,

ist der Jahreswechsel vollzogen.

Der Christbaum

ist die Klammer,

der Haken,

den ich von drüben nach hüben werfe,

mit dem Blick nach vorn,

am Scheitelpunkt wende ich den Kopf,

ein Blick zurück – ein langer Blick entlang der Klammer, entlang des Hakens,

der Schnur.

Beim Abbauen des Christbaums

erst

hebe ich den Blick von der Schwelle.

Dieser Zyklus ist definiert:

vom Auspacken der Kugeln und Kerzenhalter

und dem daran geknüpften „Ah, den hab' ich ja auch", einerseits,

und dem Wieder-Abräumen und Einwickeln der Kugeln und Kerzenhalter

andererseits.

Bis ich den Schmuck wieder zur Hand nehmen werde,

was wird geschehen,

wer wird mir begegnet sein,

was wird sich verändert,

was werde ich verloren haben?

Ebenso denk' ich zurück.

Die hochkonzentrierte,

-komprimierte Zeit seit dem Auspacken der Sterne,

seit dem Anbandeln der Windringe,

hat ihre eigene destillierte Qualität und Verheißung.

Ich schau zurück, lasse Revue passieren,

dann schließ' ich ab, vergehe,

lasse Hoffnung stehen,

wickle die Kugeln ein – jede einzelne.

Weiß, das nächste Mal,

wenn ich die Schachteln das nächste Mal öffnen werde,

wird ein Jahr –

wird dieses Jahr vergangen sein,

ich werde wieder eine Klammer setzen,

einen Haken an einer Schnur über die nächste Schwelle schleudern,

wie eine Hängebrücke über eine Urwaldschlucht,

wie über die Angründe im Berg von Moria.

Und ein Balrogh wird nach mir greifen,

wie jedes Jahr,

und die alten Dämonen

werden von drüben nach hüben

mit glühenden Augen ihre Speere schicken

und ich werde dem Drachen den Übergang verwehren

und dann werden wir

ablegen nach Osten,

wo die Sonne aufgeht,

wo der Frühling wartet

und ich werde den abgeräumten Christbaum entlassen,

werde dem entasteten Mast

den Wipfel kappen zur Erinnerung

und dann werde ich abschließen

und in das neue Jahr gehen.

Irene Pollak, JG 1962, ist Architektin in Wien.

Das Schreiben und das Zeichnen sind Teil Ihres Lebens und Ihres Berufes.

Seit vielen Jahren Teilnahmen an Ausstellungen, Lesungen und der Sommerakademie Bohemia des Atelier A/Wien.

Regelmäßig erscheint der Tischkalender „ena-Bilder" mit zwölf ausgewählten Werken.

Bisher in Buchform wurden veröffentlicht:

„Treibsand über Stolperstein"
Texte und Fotos bis 1990, 2002 BoD, ISBN 3-8311-4418-4
„Über's Jahr"
Texte und Bilder zum Jahreslauf, 2006 BoD, ISBN 978-3-8334-6654-8
„Drüben, im Keller"
Geschichten aus dem Fundus, 2014 BoD, ISBN 978-3-7357-5066-2

<u>Zum Beruf:</u>
„Ich glaube nichts, halte aber ‚alles' für möglich!"

"Komplementär-Architektur", "Raum-Management", eigentlich "Raum-Flüstern" sind die Begriffe, die meinen Umgang mit Mensch, Raum und Ort beschreiben. Interdisziplinäres Arbeiten und Synergie sind weitere Schlüsselbegriffe in meiner Welt!

„Wer keine Angst hat, muss keine Angst verbreiten!"

Wesentlich ist die Form und ihr Zusammenspiel mit Funktion, Wunsch und Vorschrift. Inspiration und Idee sind Wege und Werkzeuge, nicht Selbstzweck, dennoch unerlässlich.

Von der Homepage http://ena-architektur.com (/philosophie)

Irene Pollak ist per E-Mail erreichbar unter info@ena-architektur.com.